SIGHT WORDS

WORD SEARCH BOOK FOR KIDS

Sparkling Minds

SIGHT WORDS

Pre-K

a	funny	look	see
and	go	make	the
away	help	me	three
big	here	my	to
blue	I	not	two
can	in	one	up
come	is	play	we
down	it	red	where
find	jump	run	yellow
for	little	said	you

Kindergarten

all	four	out	this
am	get	please	too
are	good	pretty	under
at	have	ran	want
ate	he	ride	was
be	into	saw	well
black	like	say	went
brown	must	she	what
but	new	so	white
came	no	soon	who
did	now	that	will
do	on	there	with
eat	our	they	yes

First Grade

after	give	let	some
again	going	live	stop
an	had	may	take
any	has	of	thank
as	her	old	them
ask	him	once	then
by	his	open	think
could	how	over	walk
every	just	put	were
fly	know	round	when
from			

Second Grade

always	don't	or	upon
around	fast	pull	us
because	first	read	use
been	five	right	very
before	found	sing	wash
best	gave	sit	which
both	goes	sleep	why
buy	green	tell	wish
call	its	their	work
cold	made	these	would
does	many	those	write
	off		your

1

l d a w a y k m k o
m s t n n a w g k f
t y a l o y t e p m
l f u n n y u h h n
e g m g o w h o t a
n m t h h e l p k w
w g h n d l l o o k
t a e m a k e n h w
w n g t g l p f u p
g d t s e e y a w h

help   away   the
make   go   and
see   look   funny

2

```
l e l g i f w n e t
g u t b g b l o l h
t l l t e i o t f h
t b l u e g i b o t
g i l i t t l e r u
o i w e t u f i u g
n l h o h h r w e h
e f h l r t i l n e
t e h h e w o i h r
g h e t e o u h u e
```

two   not   blue
for   little   here
big   three   one

3

```
h p i p e r c a n l
p l n r o p y t o w
n a m t r r m e n i
y y y l p c r r l t
t h e r e o c a e h
o e n e w m n t m e
n c h e t e o n e i
n o t p w p i h w p
t r t r o r c w y e
c p i c a p w r o y
```

play	new	come
with	one	there
can	two	not

4

```
f y e l l o w e u o
l e i a f o r c d u
e k c s w d n e w e
y u c k j s r c n r
f o y s o y e r u n
w n f i n d d s i i
d c j u m p j w w r
i e y a c n m y i r
d j p j s c j l f c
w u a a w d o w n n
```

for	yellow	jump
run	find	red
ask	down	once

5

```
e f l u d h r y y t
a h g r u p f s h y
p h o g y o u d e f
e g i e p p a h o o
l y i t a l l p g u
l i t t l e p p o r
s a i d g a p e u s
o p p l e a s e t u
o r h i s g l r l u
t h i s a d s d s y
```

please	get	this
out	four	all
you	said	little

6

```
h h y d t h o a u g
d u p t v h n t v r
m y r d t p u m p a
h p e g r e e h g n
t m t n n a y n t v
v p t h a v e n h n
y e y u p a a r e a
g p e v g o o d d m
u n d e r g d g a n
r v y v h t t o o m
```

ran	have	at
are	under	too
good	am	pretty

7

```
r a o s w a n t u r
i n t o t l n s l i
w s n r w n s a l d
w n s l w s a w t e
a l d d a l w a y s
s w t n l i u y r l
o a y i s e n n o t
a t e i s o u l u w
r i w e l l i a n n
o a s l r y a l d n
```

round	always	well
saw	into	was
ride	ate	want

8

```
e y l o r y h c r b
l m b r o w n b a l
u o i m u s t c o a
i y y e w a s w c c
b o t r h n w o u k
i t l w a h s h e k
n o i s t o w e n t
s b k t b s a y m c
c r e s u y c l y h
t m o c t t o s a w
```

but	what	she
must	brown	went
say	like	black

9

```
h h p s a p h e m o
w y u y c s n c a y
d w y c s l e e n e
y b d d o o w u y e
a m d u o u p l a y
n p u w n d i d c b
n c e h h u h p a c
b m y i w s e l m w
b u t t h h b u e h
o d t e d n o o b o
```

did   who   soon
many   came   white
play   new   but

10

```
l o s n o w r t v r
v u u s l l o s v o
r g i v o o h i s t
u w s g i v e n v v
u i l u o v l g e a
v t h o a l n a t v
g h e u r n t g h n
i t r r g l h e e r
t s u o w w a a r i
a w i l l h t t e g
```

our	eat	with
there	sing	give
will	that	now

11

```
k v f m a r n k r l
v i h g f r g f i s
t y e s t a y n a k
s v t w e l e t g n
o h h m r f g w a o
m k e g s k o s i w
e g y m w f i i n a
s k i t v r n m a l
s o a m l e g y r a
t l a m v l i v e y
```

live   going   again
some   let   know
after   yes   they

12

y y a y m h e r k e
a n k t p o s n a k
f y e o f h a p s s
l f p a n y l s m l
h a f s a d r o t t
a o p y o e m o t h
d e s k m a y t a a
o l d t d m m e k n
p m m p r t d f e k
t s a s t o p n s a

old	her	thank
of	any	take
may	had	stop

13

```
i s i h e k e i b e
a h s m e o p e n e
s e m o h m n c s h
p b s e i c k a s k
t e n a m h h n i c
h e o n c e a o i c
i n s o c p s n m m
n p t s e o o i t i
k k t h e m e i o e
a a i k c m i a a b
```

think   open   she

once   him   ask

them   has   been

14

```
v p w a c h k u j l
r t a k c o o v e r
k w l d v w d y v e
f v k p u t k s s e
l c d j l c o t c v
y j j u s t w h o e
o o p y h e e p u r
t c w o t c r f l y
t o j o p j e a d v
k o j w v j w s l d
```

fly	were	put
just	every	walk
over	how	could

15

k n n l e u p o n f
f r l w a s h o l d
r a d h e h d o n t
o s r e h r m d d w
m t w n i o o o r k
o k p d s u k n o w
l d r f m n y s u f
p w a k w d w l d r
a l w a y s u r a n
r a f o w t t e t p

upon   or   don't
always   his   from
when   round   know

16

```
s b p g n e o b i e
n a r o u n d r e s
f l f v e a h e l r
a f i r s t i a b g
s b b s e n a d a f
t b e e n f o r i i
i t v b u p p i e v
t d v f s u g g e e
d e g l e l l h v s
u o h f p l l t i i
```

right	five	been
use	read	first
pull	fast	around

17

```
b s n r b e f o r e
e i g a v e u s u f
b n v w u t r d a i
b g v s g b t v b s
y n v n w a s h n v
t a e s d n y t h f
r t r i a t r r f o
r d y t v e f a i u
h i h i b e s t n n
a f n s n d a s n d
```

sit   gave   best

wash   sing   found

before   very   us

18

```
s r w h i c h l t e
g r e e n n t s w s
e b b g r l e w i g
n g o o t e l l s s
s o t e b n o h h l
r l h s i p s n c h
n r n w p b u y b e
p c g o p g b g o p
s s l e e p b n r n
t g s w h y c b r p
```

wish	tell	green
buy	why	sleep
goes	both	which

19

```
r e t m w k t u c a
i t w s o c m i l t
r l u s u o c w c h
d o e s l l t r m e
l h w u d d r o r i
a i i t s a s h a r
i l t h e s e m l c
c w o r k t d d e a
s h u k a c r r c l
u s w a m a d e k l
```

does	would	made
these	cold	work
their	its	call

20

```
m h o l w e o f f l
e t r y e u a n d u
u f w r i t e r d m
f e t h o s e a m a
u m o i h t y s n n
n w h d o u o a n y
n m t w u w u l y a
y f d u s d r l m t
l i t t l e a a l o
f o r h u n w o l d
```

little	funny	for
and	your	off
write	those	many

21

```
k o n y e l l o w i
m a l o o k t n u s
a a o d m n r r d h
k t s a i d e u t e
e h e u k r n n h k
h r o m r u s a e y
l e u h a u o h i u
h e s e e r u a r k
i m w a o u l t a m
r i m s u y o u a h
```

three	yellow	the
run	make	you
see	said	look

22

```
l o y a f t e r m w
l r w e h y e n w e
i n s f a l w a y s
e o w h e n s a s a
h t h i s a o a r n
s r f i h f m l h l
y f r n o f e y y a
e i o e a e e a o t
s h m a l a e i w w
w t n w l t s h t f
```

always	when	some
from	after	yes
this	eat	all

23

```
d u a r o u n d c l
t d v y p t c l b y
e o e o r u u l d c
c r r u w w r i t e
u r y r c o b b s o
p d v d o d o e s u
o r a y l e w t n a
n c t v d o v p u t
d u i c n o w v p a
a b e c a u s e s u
```

put	write	very
cold	because	your
upon	does	around

24

c s m p h l n a s u
a p l a y i h y m p
l w a s h k e h l p
l t t k e e y p n t
w l p n o t m u s t
a h l m u s a s o a
s t i l e o h y n u
m y n e s o m t c p
c u s o e n n e e t
h o c m l u o o c e

was	like	not
play	soon	must
once	call	wash

25

```
h s w s r i d e u g
a p w a l k n s s i
v d r o g r e e n h
e o i j s l e e p f
i o o f f o j j s o
u j g w j s p a p u
l u d w u l l l s n
d f o v s o w n k d
u p w u t w p a l k
a d n j t l a a s w
```

just	off	found
green	sleep	walk
have	ride	down

26

```
n r l l g o o d l r
s o l a f a f b u n
h r e d o o o d r b
a n y f e b l d b i
o w e r l s d a b g
i w h w d s d e h g
b f r o w e n e w e
a d d u y o o r a a
n s f l g n w i t h
e u s d u f i r s t
```

big   red   good
new   with   old
any   would   first

27

```
c i n u g t h e n s
l v n r v n a t e v
e t b e c a u s e e
a v y g a c i r a n
g e v e r y g y b n
a n r s a c o i l c
i v r t e e i v u v
n n c s o u n i e l
s h v r u r g n u g
n t e e t l a v o s
```

going	because	out
ate	then	again
ran	every	blue

28

```
i n h m o h b b y p
d p u l l i e f t u
u b y y n m r e e t
n e h p p f i v e a
d f e k b e e n v k
e o k i r t d w a e
r r n e w f a n i t
a e r h i y k n o k
e i f n l d v y o w
f a d a i f m a n y
```

been	pull	take
under	new	many
five	before	him

29

```
m n b u t i p s p r
d s d b d c o p e n
c a b o m l m n i k
s t h a n k h a r n
r h p t h e r e s p
e o l d t m c i s h
f r o m e b a f a c
p f t o l d n r m k
r d o n l i o a m p
h h l h e d o o i l
```

is   can   from
thank   old   there
but   open   tell

30

```
l a r o u n d i d s
r e i n w a l k p a
k a i s r o h w l f
p p e i n t o i e t
f o n e s n u t a f
o h n h r o o h s f
u f t l n t l o e w
n o s f t l i s f o
d w e r e h h e f o
t d p r e a d o e u
```

into   not   please
found   walk   those
were   read   around

31

```
a f o w e t r e k w
d r d e h a f t e r
h w t t o o u t a k
e e t f k l y u d n
r n r i f a w e i o
d t f n l k y t d w
e l u d y y h l i w
a d n a k w h e r e
n u n n e h i r t r
f u y a k u u i y r
```

find	went	after
too	funny	where
fly	did	know

32

e u s w h i t e j e
i t j s w s d p u s
t p e s a w b h m s
s m r e p i e m p r
t e p h t e b j t u
j i i n o w a u t m
w t r j h w r i t e
a d b p e b o l d p
n m b o t h i n r e
t r p h m m w e t n

its	write	both
old	white	want
saw	jump	now

33

```
d d c a m e c a n e
r y o v e r t u t a
c m l r w v v w s o
r a r d h d b o a e
y d e n e y u t a c
m e a m n g r v l s
a g d y c r o r w u
u m t u t e v l a a
n m u s t e b y y d
d w y l d n c u s w
```

over   came   always
must   by   when
made   read   green

34

```
h i b l a c k y r t
s p m b a g a i n c
o u a t g h d d k o
o a n a h i u b s p
n i y r c m y g b m
o c w n o b n h b w
m o e u c w o r k e
u u k o r h y y e l
i l e h s b h o e l
o d r p r e t t y t
```

work	many	him
could	pretty	again
soon	black	well

35

```
t k a r t l e b g l
h n s o w o u l d k
a a k b u h f i v e
t e b a t h i n k g
k r e v d u e h d a
l d f r s a e t o v
u g o e g a w h e e
r f r a e i n a s h
u i e o i v h n b w
l a l i k e o k d e
```

gave	five	thank
like	that	does
would	before	think

36

```
i  l  w  i  s  h  t  s  f  n
e  v  a  n  f  c  n  v  n  e
v  v  g  a  w  e  l  l  o  o
e  r  a  l  o  o  k  c  n  w
r  i  i  n  u  l  a  n  g  b
y  f  n  a  i  f  o  u  r  r
v  s  h  g  o  v  s  n  t  o
e  t  h  e  m  w  m  u  h  w
l  v  y  r  i  t  m  i  a  n
u  v  r  u  w  h  i  c  h  i
```

wish	again	four
brown	well	look
every	them	which

37

```
e s b o t h s t p s
a e k a k s n h p s
p h r h n t s s n p
r h e b o o y y a w
e y o o w p r k b t
t o p e n o r b t w
t k n n a o w b h o
y s w h e r e h a o
a t p k p s n n n h
t n a b e s t n k p
```

where	two	open
thank	pretty	stop
know	both	best

38

```
w m g w t a k e y d
t k h y p a p l h o
e e w y c s m d w k
y p h a o o o o d l
d u a w h m w l m c
k s d a m e a h d a
d e l y g g o e s m
w s d k p s e s s e
s e s t o p l a a t
p l a y c m u s t p
```

some   came   stop
take   had   must
play   goes   away

39

```
r l d e a f b f t w
b l u e b l f w n b
d e f a l n r e r t
r f i n d r a n f l
y r f m y m s t o b
e l n y m m a r e w
l n m w n a f r o n
l i l l t y s a i d
o n u r s o o n w l
w o r a n f a o a e
```

blue   soon   find
are   may   ran
went   yellow   said

40

```
l i k e t h g y k y
g d u a n y g w p k
c o u l d n a h c c
p c d i u i u i p i
r i w t r d y c h w
e w y h r h i h a h
t p g e w i a p a a
t g g r r i n o k t
y o w e o g o o d n
w i l l p o n y y k
```

what	any	will
could	like	which
there	pretty	good

41

```
e v p j j l t u m h
p l i v e i a e s o
p a o b n t h t h w
h j y m v t e v e w
s a y e e l l n l u
j u m p u e p b p a
p t e e a j b u w h
l w n o w m w y h m
a i a v s b p a o n
j a t y t s t h a t
```

buy   live   she

that   now   say

jump   little   help

42

```
n i a d e f w s i t
w a l k v f k w k w
s b u n e u n e y w
v v k w r y u y i r
a t r i y y i h i u
v h b r o w n i w n
w i o u i u y s l d
h n f t h e i r e e
e k f y f h u o n r
n e d y u y w l s r
```

off	every	brown
under	think	walk
when	sit	their

43

```
t d o r f m r v g s
n o s f d i v r o n
r n d k o s t o u r
e a t t t e m u n h
f o n n h v a n r i
i w v h e w k d d m
v a s i n g e h e r
e n u a g a i n o f
m t e t d r s u w n
v d u d e d s r h t
```

again	want	round
eat	the	make
her	sing	five

44

```
u o d m k b m c n n
d r f f n e t h e m
t o n c e s s a w e
c r f l c o b n k b
o d m o a e l f h r
l o h s h t r o w s
d r u f s c e u l h
l d w a s h d n m e
o m b m t k a d l n
s c l b l a c k s c
```

found	black	them
cold	wash	red
she	saw	once

45

```
t i b e s t b t t b
f l k b s w l w e e
b s s r l b b f w t
k i y o e e o r r h
s b y r e f h y i e
l o o k p o s t t y
o h e r e r h k e f
h p l b b e b y f o
l h f f y e l l o w
h r f l k b t e l l
```

write   here   look
yellow   sleep   tell
best   before   they

46

```
s a f u n n y d b w
f i l u u b e i e l
y i s t o p t p c b
g a g a i n k w a f
e e d s p y n k u s
l t n e f o o w s d
o g w e k p w o e f
k u e g l b c u o t
u c n w d k b l k n
g g t t f l y d o l
```

know	went	because
would	again	funny
see	fly	stop

47

```
v p n o w i w u d n
f d w i u v a w a y
v o y u m p m i f n
u f i v e r s t i u
p u s e a d f o r e
v t r d o n r y s d
y n i n v n o o t o
o v w e e d m p y w
y m w u r y w w w n
o p e n y s e m w n
```

use	very	from
away	now	down
first	five	open

48

```
o g l y i t a o g a
v r e a d g t o t g
g g r m a y h e l w
a a u t t t a u i h
v a m w a c t u a e
e o a w r c w e r r
u h v l w i h n o e
a i c o u l d m u g
h m i m y g d e n e
d m d v w e n t d t
```

gave   read   where
get   that   him
could   may   around

49

```
o k l k i a s i u d
j s o o n i l h i o
j l j o d n i i n u
w e l l n l t s i e
u a k k u d t e t g
a o d k o o l a s k
j u s t t n e w u s
u t j e h t o s n s
i l w g e u g o e s
i l g t n u j g e o
```

little	soon	well
ask	don't	goes
then	just	his

50

```
o u b e s t y y s o
t t h n i u o s i l
h o o e y y u u t y
w t h e a n d l h h
r y d n n s h y a u
i t d o l w a b r r
t o y w w d y l e h
e u l l r e a d e h
d a u d r b l t l n
s b a i t w e l l s
```

you	are	the
best	read	and
write	well	now

Solutions

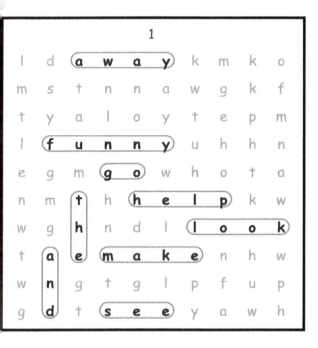

1

l	d	a	w	a	y	k	m	k	o
m	s	t	n	n	a	w	g	k	f
t	y	a	l	o	y	t	e	p	m
l	f	u	n	n	y	u	h	h	n
e	g	m	g	o	w	h	o	t	a
n	m	t	h	h	e	l	p	k	w
w	g	h	n	d	l	l	o	o	k
t	a	e	m	a	k	e	n	h	w
w	n	g	t	g	l	p	f	u	p
g	d	t	s	e	e	y	a	w	h

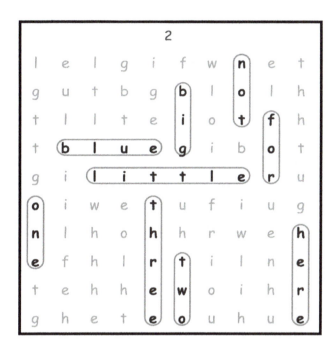

2

l	e	l	g	i	f	w	n	e	t
g	u	t	b	g	b	l	o	l	h
t	l	l	t	e	i	o	t	f	h
t	b	l	u	e	g	i	b	o	t
g	i	l	i	t	t	l	e	r	u
o	i	w	e	t	u	f	i	u	g
n	l	h	o	h	r	h	r	w	e
e	f	h	l	r	t	i	l	n	h
t	e	h	h	e	w	o	i	h	e
g	h	e	t	e	o	u	h	u	e

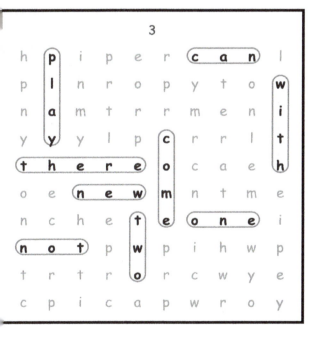

3

h	p	i	p	e	r	c	a	n	l
p	l	n	r	o	p	y	t	o	w
n	a	m	t	r	r	m	e	n	i
y	y	y	l	p	c	r	r	l	t
t	h	e	r	e	o	c	a	e	h
o	e	n	e	w	m	n	t	m	e
n	c	h	e	t	e	o	n	e	i
n	o	t	p	w	p	i	h	w	p
t	r	t	r	o	r	c	w	y	e
c	p	i	c	a	p	w	r	o	y

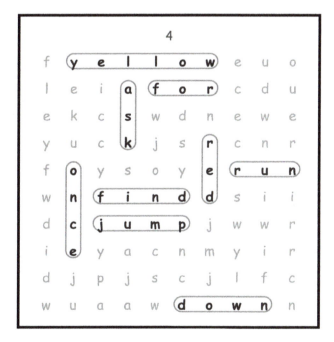

4

f	y	e	l	l	o	w	e	u	o
l	e	i	a	f	o	r	c	d	u
e	k	c	s	w	d	n	e	w	e
y	u	c	k	j	s	r	c	n	r
f	o	y	s	o	y	e	r	u	n
w	n	f	i	n	d	d	s	i	i
d	c	j	u	m	p	j	w	w	r
i	e	y	a	c	n	m	y	i	r
d	j	p	j	s	c	j	l	f	c
w	u	a	a	w	d	o	w	n	n

5

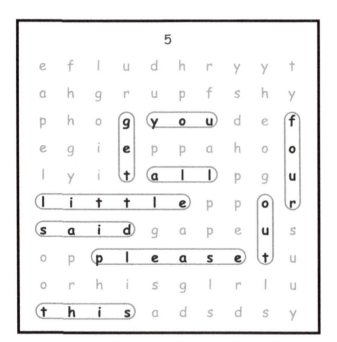

6

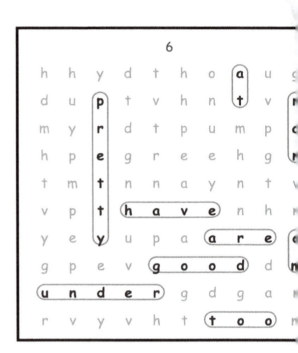

7

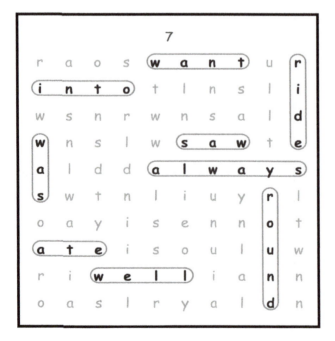

8

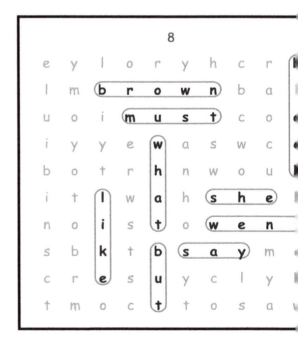

9

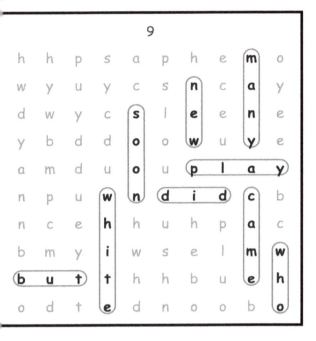

```
h  h  p  s  a  p  h  e  m  o
w  y  u  y  c  s  n  c  a  y
d  w  y  c  s  l  e  e  n  e
y  b  d  d  o  o  w  u  y  e
a  m  d  u  o  u  p  l  a  y
n  p  u  w  n  d  i  d  c  b
n  c  e  h  h  u  h  p  a  c
b  m  y  i  w  s  e  l  m  w
b  u  t  t  h  h  b  u  e  h
o  d  t  e  d  n  o  o  b  o
```

10

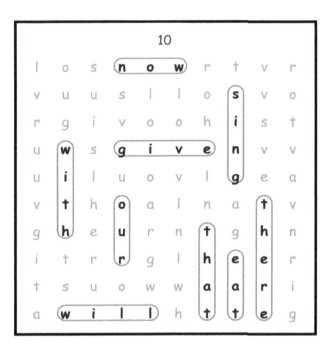

```
l  o  s  n  o  w  r  t  v  r
v  u  u  s  l  l  o  s  v  o
r  g  i  v  o  o  h  i  s  t
u  w  s  g  i  v  e  n  g  e
u  i  l  u  o  v  l  g  e  a
v  t  h  o  a  l  n  a  t  v
g  h  e  u  r  n  t  g  h  n
i  t  r  r  g  l  h  e  e  r
t  s  u  o  w  w  a  a  r  i
a  w  i  l  l  h  t  t  e  g
```

11

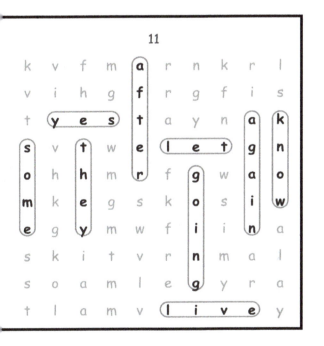

```
k  v  f  m  a  r  n  k  r  l
v  i  h  g  f  r  g  f  i  s
t  y  e  s  t  a  y  n  a  k
s  v  t  w  e  l  e  t  g  n
o  h  h  m  r  f  g  w  a  o
m  k  e  g  s  k  o  s  i  w
e  g  y  m  w  f  i  i  n  a
s  k  i  t  v  r  n  m  a  l
s  o  a  m  l  e  g  y  r  a
t  l  a  m  v  l  i  v  e  y
```

12

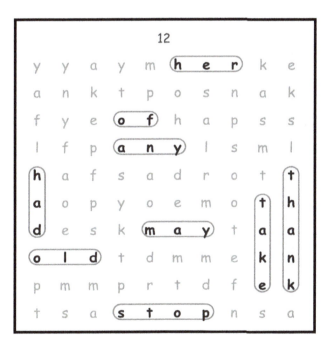

```
y  y  a  y  m  h  e  r  k  e
a  n  k  t  p  o  s  n  a  k
f  y  e  o  f  h  a  p  s  s
l  f  p  a  n  y  l  s  m  l
h  a  f  s  a  d  r  o  t  t
a  o  p  y  o  e  m  o  t  h
d  e  s  k  m  a  y  t  a  a
o  l  d  t  d  m  m  e  k  n
p  m  m  p  r  t  d  f  e  k
t  s  a  s  t  o  p  n  s  a
```

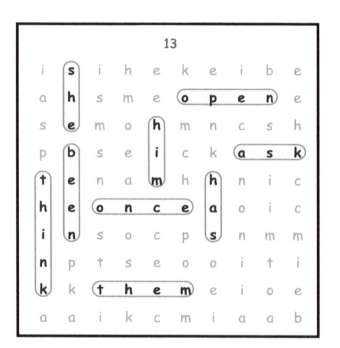

13

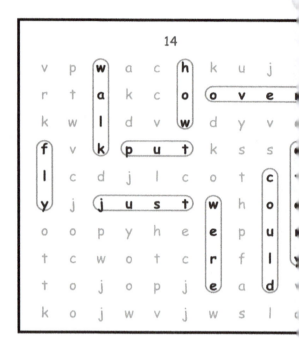

14

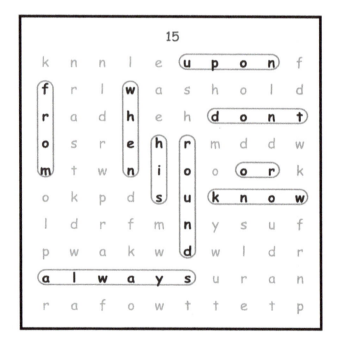

15

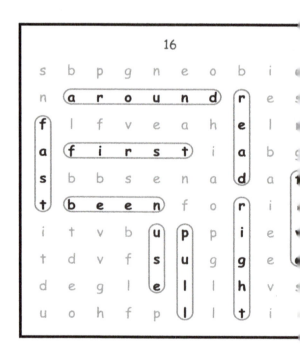

16

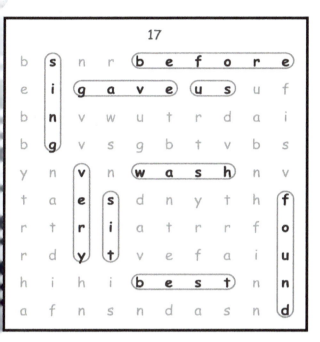

17

```
b  s  n  r  b  e  f  o  r  e
e  i  g  a  v  e  u  s  u  f
b  n  v  w  u  t  r  d  a  i
b  g  v  s  g  b  t  v  b  s
y  n  v  n  w  a  s  h  n  v
t  a  e  s  d  n  y  t  h  f
r  t  r  i  a  t  r  r  f  o
r  d  y  t  v  e  f  a  i  u
h  i  h  i  b  e  s  t  n  n
a  f  n  s  n  d  a  s  n  d
```

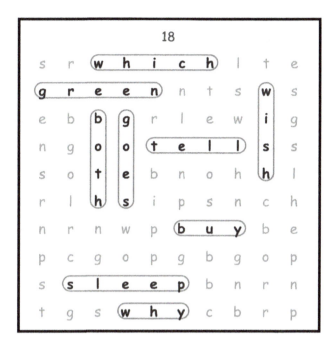

18

```
s  r  w  h  i  c  h  l  t  e
g  r  e  e  n  n  t  s  w  s
e  b  b  g  r  l  e  w  i  g
n  g  o  o  t  e  l  l  s  s
s  o  t  e  b  n  o  h  h  l
r  l  h  s  i  p  s  n  c  h
n  r  n  w  p  b  u  y  b  e
p  c  g  o  p  g  b  g  o  p
s  s  l  e  e  p  b  n  r  n
t  g  s  w  h  y  c  b  r  p
```

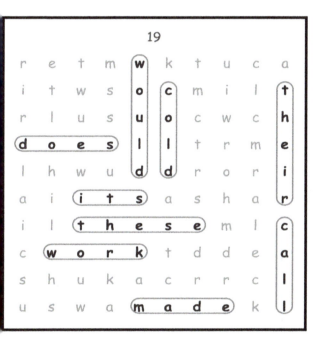

19

```
r  e  t  m  w  k  t  u  c  a
i  t  w  s  o  c  m  i  l  t
r  l  u  s  u  o  c  w  c  h
d  o  e  s  l  l  t  r  m  e
l  h  w  u  d  d  r  o  r  i
a  i  i  t  s  a  s  h  a  r
i  l  t  h  e  s  e  m  l  c
c  w  o  r  k  t  d  d  e  a
s  h  u  k  a  c  r  r  c  l
u  s  w  a  m  a  d  e  k  l
```

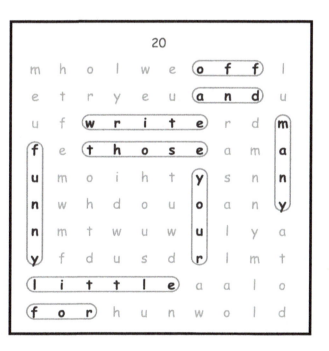

20

```
m  h  o  l  w  e  o  f  f  l
e  t  r  y  e  u  a  n  d  u
u  f  w  r  i  t  e  r  d  m
f  e  t  h  o  s  e  a  m  a
u  m  o  i  h  t  y  s  n  n
n  w  h  d  o  u  o  a  n  y
n  m  t  w  u  w  u  l  y  a
y  f  d  u  s  d  r  l  m  t
l  i  t  t  l  e  a  a  l  o
f  o  r  h  u  n  w  o  l  d
```

21

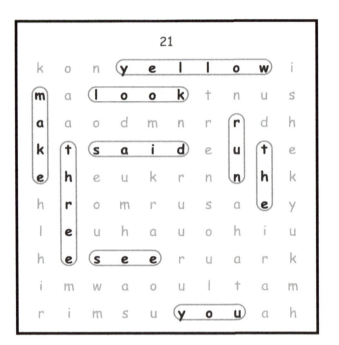

```
k   o   n  (y  e  l  l  o  w)  i
(m) a  (l  o  o  k)  t   n   u   s
a   a   o   d   m  n   r   (r)  d   h
k  (t)(s  a  i  d)  e  (u)(t)  e
e  (h)  e   u   k   r   n  (n)(h)  k
h  (r)  o   m   r   u   s   a  (e)  y
l  (e)  u   h   a   u   o   h   i   u
h  (e)(s  e  e)  r   u   a   r   k
i   m   w   a   o   u   l   t   a   m
r   i   m   s   u  (y  o  u)  a   h
```

22

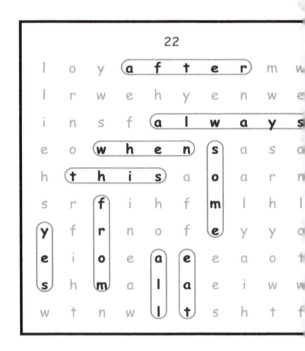

```
l   o   y  (a  f  t  e  r)  m   w
l   r   w   e   h   y   e   n   w   e
i   n   s   f  (a  l  w  a  y  s)
e   o  (w  h  e  n)(s) a   s   a
h  (t  h  i  s)  a  (o) a   r   a
s   r  (f)  i   h   f  (m)  l   h   l
(y)  f  (r)  n   o   f  (e)  y   y   a
e   i  (o)  e  (a)(e)  e   a   t
s   h  (m)  a  (l)(a)  e   i   w
w   t   n   w  (l)(t)  s   h   f
```

23

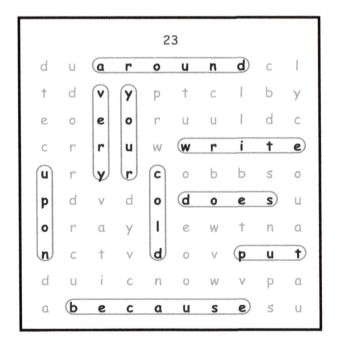

```
d   u  (a  r  o  u  n  d)  c   l
t   d  (v)(y)  p   t   c   l   b   y
e   o  (e)(o)  r   u   u   l   d   c
c   r  (r)(u) (w  r  i  t  e)
(u)  r  (y)(r)(c)  o   b   b   s   o
(p)  d   v   d  (o)(d  o  e  s)  u
(o)  r   a   y  (l)  e   w   t   n   a
(n)  c   t   v  (d)  o   v  (p  u  t)
d   u   i   c   n   o   w   v   p   a
a  (b  e  c  a  u  s  e)  s   u
```

24

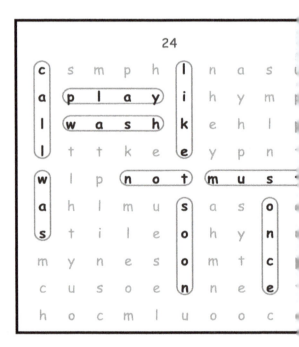

```
(c)  s   m   p   h  (l)  n   a   s   u
(a) (p  l  a  y)(i)  h   y   m
(l) (w  a  s  h)(k)  e   h   l
(l)  t   t   k   e  (e)  y   p   n
(w)  l   p  (n  o  t)(m  u  s)
(a)  h   l   m   u  (s)  a   s  (o)
(s)  t   i   l   e  (o)  h   y  (n)
m   y   n   e   s  (o)  m   t  (c)
c   u   s   o   e  (n)  n   e  (e)
h   o   c   m   l   u   o   o   c
```

25

```
h  s  w  s  r  i  d  e  u  g
a  p  w  a  l  k  n  s  s  i
v  d  r  o  g  r  e  e  n  h
e  o  i  j  s  l  e  e  p  f
i  o  o  f  f  o  j  j  s  o
u  j  g  w  j  s  p  a  p  u
l  u  d  w  u  l  l  l  s  n
d  f  o  v  s  o  w  n  k  d
u  p  w  u  t  w  p  a  l  k
a  d  n  j  t  l  a  a  s  w
```

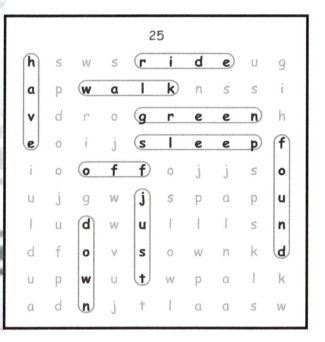

26

```
n  r  l  l  g  o  o  d  l  r
s  o  l  a  f  a  f  b  u  n
h  r  e  d  o  o  o  d  r  b
a  n  y  f  e  b  l  d  b  i
o  w  e  r  l  s  d  a  b  g
i  w  h  w  d  s  d  e  h  g
b  f  r  o  w  e  n  e  w  e
a  d  d  u  y  o  o  r  a  a
n  s  f  l  g  n  w  i  t  h
e  u  s  d  u  f  i  r  s  t
```

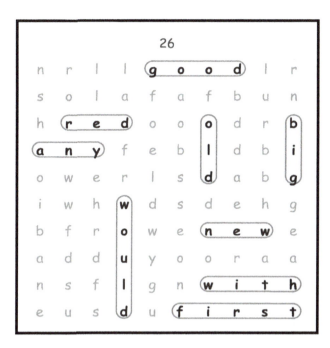

27

```
c  i  n  u  g  t  h  e  n  s
l  v  n  r  v  n  a  t  e  v
e  t  b  e  c  a  u  s  e  e
a  v  y  g  a  c  i  r  a  n
g  e  v  e  r  y  g  y  b  n
a  n  r  s  a  c  o  i  l  c
i  v  r  t  e  e  i  u  v
n  n  c  s  o  u  n  i  e  l
s  h  v  r  u  r  g  n  u  g
n  t  e  e  t  l  a  v  o  s
```

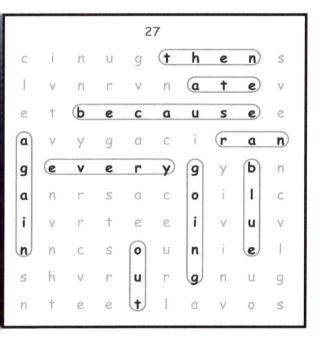

28

```
i  n  h  m  o  h  b  b  y  p
d  p  u  l  l  i  e  f  t  u
u  b  y  y  n  m  r  e  e  t
n  e  h  p  p  f  i  v  e  a
d  f  e  k  b  e  e  n  v  k
e  o  k  i  r  t  d  w  a  e
r  r  n  e  w  f  a  n  i  t
a  e  r  h  i  y  k  n  o  k
e  i  f  n  l  d  v  y  o  w
f  a  d  a  i  f  m  a  n  y
```

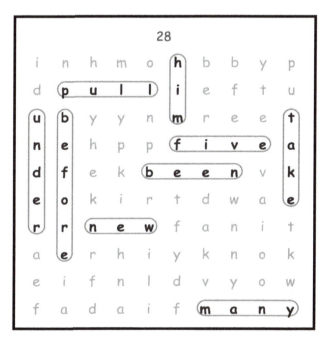

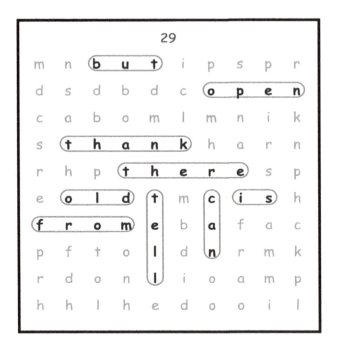

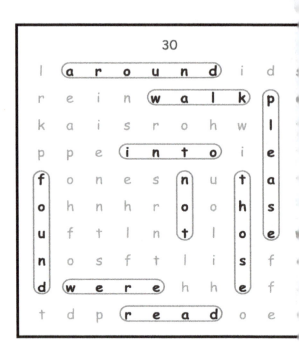

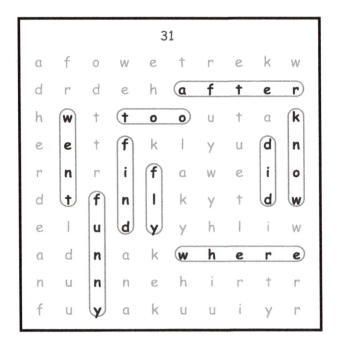

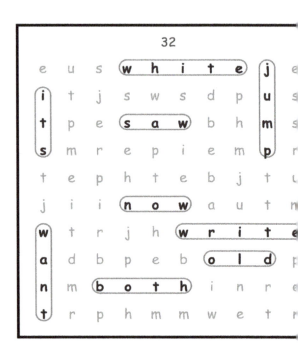

33

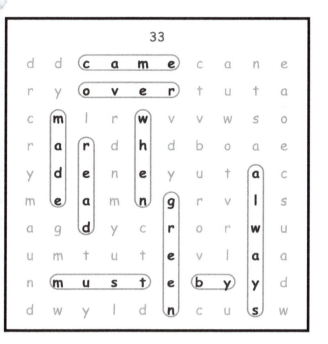

```
d  d  c  a  m  e  c  a  n  e
r  y  o  v  e  r  t  u  t  a
c  m  l  r  w  v  v  w  s  o
r  a  r  d  h  d  b  o  a  e
y  d  e  n  e  y  u  t  a  c
m  e  a  m  n  g  r  v  l  s
a  g  d  y  c  g  r  o  r  w  u
u  m  t  u  t  r  e  v  l  a  a
n  m  u  s  t  e  b  y  y  d
d  w  y  l  d  n  c  u  s  w
```

34

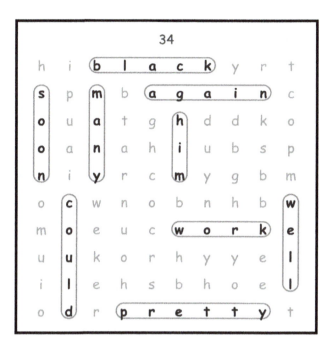

```
h  i  b  l  a  c  k  y  r  t
s  p  m  b  a  g  a  i  n  c
o  u  a  t  g  h  d  d  k  o
o  a  n  a  h  i  u  b  s  p
n  i  y  r  c  m  y  g  b  m
o  c  w  n  o  b  n  h  b  w
m  o  e  u  c  w  o  r  k  e
u  u  k  o  r  h  y  y  e  l
i  l  e  h  s  b  h  o  e  l
o  d  r  p  r  e  t  t  y  t
```

35

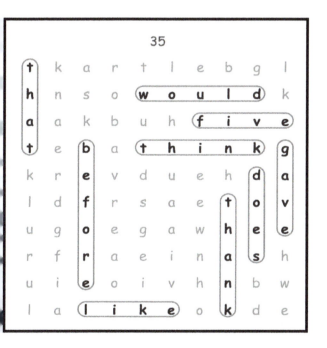

```
t  k  a  r  t  l  e  b  g  l
h  n  s  o  w  o  u  l  d  k
a  a  k  b  u  h  f  i  v  e
t  e  b  a  t  h  i  n  k  g
k  r  e  v  d  u  e  h  d  a
l  d  f  r  s  a  e  t  o  v
u  g  o  e  g  a  w  h  e  e
r  f  r  a  e  i  n  a  s  h
u  i  e  o  i  v  h  n  b  w
l  a  l  i  k  e  o  k  d  e
```

36

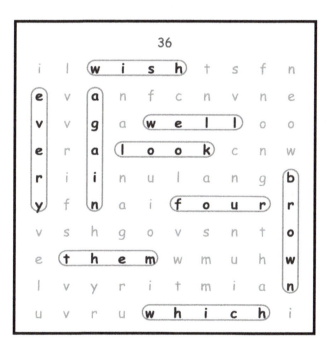

```
i  l  w  i  s  h  t  s  f  n
e  v  a  n  f  c  n  v  n  e
v  v  g  a  w  e  l  l  o  o
e  r  a  l  o  o  k  c  n  w
r  i  i  n  u  l  a  n  g  b
y  f  n  a  i  f  o  u  r  r
v  s  h  g  o  v  s  n  t  o
e  t  h  e  m  w  m  u  h  w
l  v  y  r  i  t  m  i  a  n
u  v  r  u  w  h  i  c  h  i
```

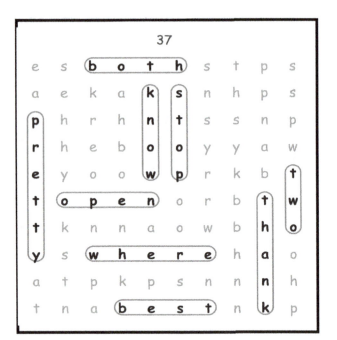

```
e  s  b  o  t  h  s  t  p  s
a  e  k  a  k  s  n  h  p  s
p  h  r  h  n  t  s  s  n  p
r  h  e  b  o  o  s  y  a  w
e  y  o  o  w  p  r  k  b  t
t  o  p  e  n  o  r  b  t  w
t  k  n  n  a  o  w  b  h  o
y  s  w  h  e  r  e  h  a  o
a  t  p  k  p  s  n  n  n  h
t  n  a  b  e  s  t  n  k  p
```

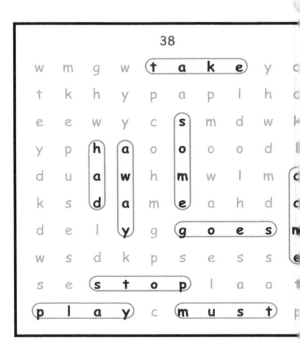

```
w  m  g  w  t  a  k  e  y  c
t  k  h  y  p  a  p  l  h  c
e  e  w  y  c  s  m  d  w  k
y  p  h  a  o  o  o  d     d
d  u  a  w  h  m  w  l  m
k  s  d  a  m  e  a  h  d  c
d  e  l  y  g  o  e  s     m
w  s  d  k  p  s  e  s  s
s  e  s  t  o  p  l  a  a  t
p  l  a  y  c  m  u  s  t  p
```

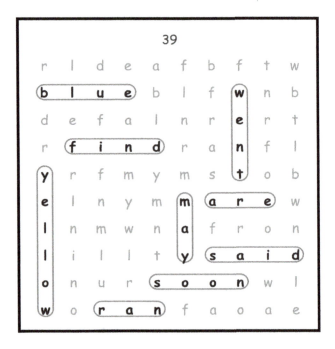

```
r  l  d  e  a  f  b  f  t  w
b  l  u  e  b  l  f  w  n  b
d  e  f  a  l  n  r  e  n  t
r  f  i  n  d  r  a  n  f  l
y  r  f  m  y  m  s  t  o  b
e  l  n  y  m  m  a  r  e  w
l  n  m  w  n  a  f  r  o  n
l  i  l  l  t  y  s  a  i  d
o  n  u  r  s  o  o  n  w  l
w  o  r  a  n  f  a  o  a  e
```

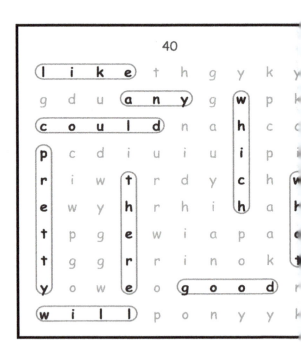

```
l  i  k  e  t  h  g  y  k  y
g  d  u  a  n  y  g  w  p  k
c  o  u  l  d  n  a  h  c  p
p  c  d  i  u  i  u  i  p
r  i  w  t  r  d  y  c  h  w
e  w  y  h  r  h  i  h  a  h
t  p  g  e  w  i  a  p  a
t  g  g  r  r  i  n  o  k
y  o  w  e  o  g  o  o  d
w  i  l  l  p  o  n  y  y  k
```

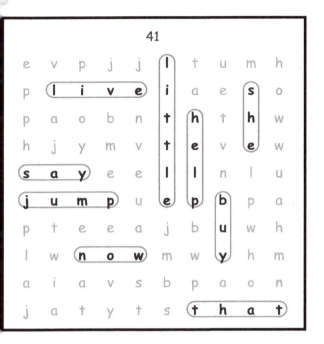

41

```
e  v  p  j  j  l  t  u  m  h
p (l  i  v  e) i  a  e  s  o
p  a  o  b  n  t  h  t  h  w
h  j  y  m  v  t  e  v  e  w
(s  a  y) e  e  l  l  n  l  u
(j  u  m  p) u  e  p  b  p  a
p  t  e  e  a  j  b  u  w  h
l  w (n  o  w) m  w  y  h  m
a  i  a  v  s  b  p  a  o  n
j  a  t  y  t  s (t  h  a  t)
```

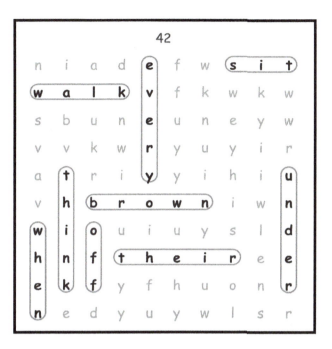

42

```
n  i  a  d  e  f  w (s  i  t)
(w  a  l  k) v  f  k  w  k  w
s  b  u  n  e  u  n  e  y  w
v  y  v  k  w  r  y  u  y  i  r
a  t  r  i  y  y  i  h  u
v  h (b  r  o  w  n) i  w  n
(w  i  o  u  i  u  y  s  l  d
h  n  f (t  h  e  i  r) e  e
e  k  f  y  f  h  u  o  n  r
n) e  d  y  u  y  w  l  s  r
```

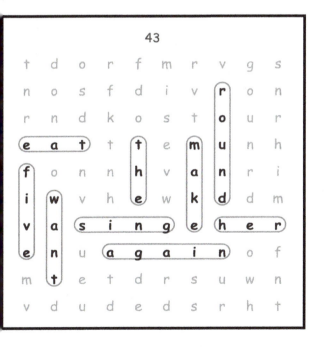

43

```
t  d  o  r  f  m  r  v  g  s
n  o  s  f  d  i  v  r  o  n
r  n  d  k  o  s  t  o  u  r
(e  a  t) t  t  e  m  u  n  h
(f  o  n  n  h  v  a  n  r  i
i  w  v  h  e  w  k  d  d  m
v  a  (s  i  n  g) e  (h  e  r)
e  n  u (a  g  a  i  n) o  f
m  t) e  t  d  r  s  u  w  n
v  d  u  d  e  d  s  r  h  t
```

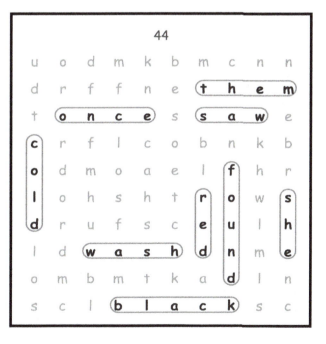

44

```
u  o  d  m  k  b  m  c  n  n
d  r  f  f  n  e (t  h  e  m)
t (o  n  c  e) s (s  a  w) e
(c  r  f  l  c  o  b  n  k  b
o  d  m  o  a  e  l (f  h  r
l  o  h  s  h  t  (r  o  w (s
d) r  u  f  s  c  e  u  l  h
l  d (w  a  s  h) d  n  m  e)
o  m  b  m  t  k  a  d) l  n
s  c  l (b  l  a  c  k) s  c
```

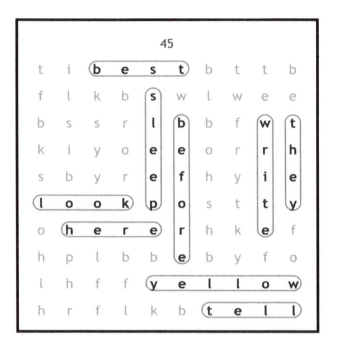

45

```
t  i  b  e  s  t  b  t  t  b
f  l  k  b  s  w  l  w  e  e
b  s  s  r  l  b  b  f  w  t
k  i  y  o  e  e  o  r  r  h
s  b  y  r  e  f  h  y  i  e
l  o  o  k  p  o  s  t  t  y
o  h  e  r  e  r  h  k  e  f
h  p  l  b  b  e  b  y  f  o
l  h  f  f  y  e  l  l  o  w
h  r  f  l  k  b  t  e  l  l
```

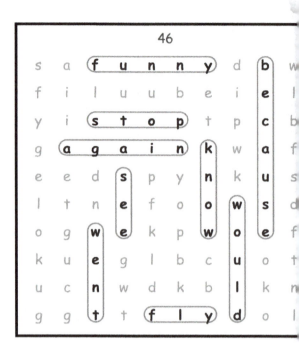

46

```
s  a  f  u  n  n  y  d  b  w
f  i  l  u  u  b  e  i  e  l
y  i  s  t  o  p  t  p  c  b
g  a  g  a  i  n  k  w  a  f
e  e  d  s  p  y  n  k  u
l  t  n  e  f  o  n  o  s  f
o  g  w  e  k  p  w  o  e  f
k  u  e  g  l  b  c  u  o  t
u  c  n  w  d  k  b  l  k  m
g  g  t  t  f  l  y  d  o  l
```

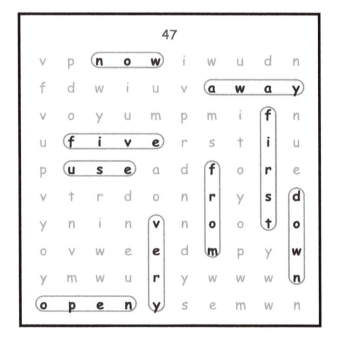

47

```
v  p  n  o  w  i  w  u  d  n
f  d  w  i  u  v  a  w  a  y
v  o  y  u  m  p  m  i  f  n
u  f  i  v  e  r  s  t  i  u
p  u  s  e  a  d  f  o  r  e
v  t  r  d  o  n  r  y  s  d
y  n  i  n  v  n  o  o  t  o
o  v  w  e  e  d  m  p  y  w
y  m  w  u  r  y  w  w  w  n
o  p  e  n  y  s  e  m  w  n
```

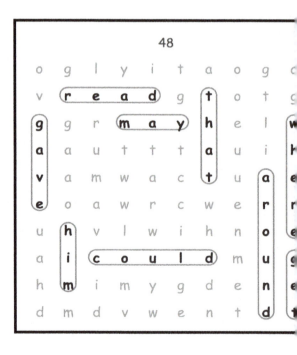

48

```
o  g  l  y  i  t  a  o  g
v  r  e  a  d  g  t  o  t
g  g  r  m  a  y  h  e  l
a  a  u  t  t  a  u  i
v  a  m  w  a  c  t        w
e  o  a  w  r  c  w  e  a  r
u  h  v  l  w  i  h  n  o  e
a  i  c  o  u  l  d  m  u  g
h  m  i  m  y  g  d  e  n  e
d  m  d  v  w  e  n  t  d
```

49

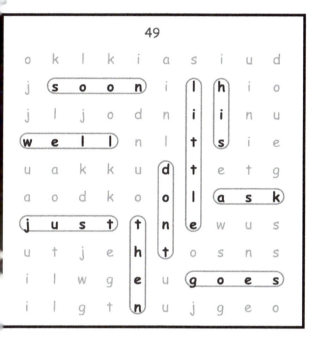

```
o  k  l  k  i  a  s  i  u  d
j  (s  o  o  n)  i  l  h  i  o
j  l  j  o  d  n  i  i  n  u
(w  e  l  l)  n  l  t  s  i  e
u  a  k  k  u  d  t  e  t  g
a  o  d  k  o  o  l  a  s  k
(j  u  s  t)  t  n  e  w  u  s
u  t  j  e  h  t  o  s  n  s
i  l  w  g  e  u  g  o  e  s
i  l  g  t  n  u  j  g  e  o
```

50

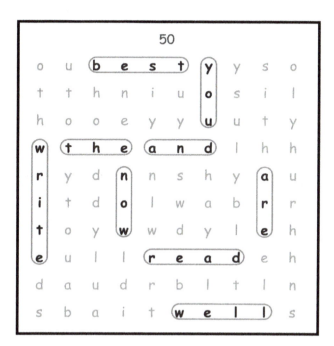

```
o  u  b  e  s  t  y  y  s  o
t  t  h  n  i  u  o  s  i  l
h  o  o  e  y  y  u  u  t  y
w  t  h  e  a  n  d  l  h  h
r  y  d  n  n  s  h  y  a  u
i  t  d  o  l  w  a  b  r  r
t  o  y  w  w  d  y  l  e  h
e  u  l  l  r  e  a  d  e  h
d  a  u  d  r  b  l  t  l  n
s  b  a  i  t  w  e  l  l  s
```

Made in the USA
Middletown, DE
20 March 2020